ドクターKの絵本よみきかせでバイリンガル

言語学博士・音楽博士
藤澤慶已

はじめに──バイリンガル願望──

　私は英語を教えることを生業にしています。そのとき、日本人ネイティブの受講者や学生から、「あー、もっと小さいときから英語をやっていたらなあ」「海外で育っていたら、ちゃんと英語を話せるようになっていたのに」というような声をよく聞きます。

　世の中の多くの日本人が、英語が話せるようになりたい、それもネイティブのような発音で流暢に話せるようになりたいという、いわばバイリンガル願望を持っています。

　本書の目的は、6歳未満の未就学児とその保護者が、日常生活の中で自然に英語を身につけることです。お子さんが日常的に英語に触れることで、海外で生活しなくても、バイリンガルのように話すことができるようになります。

　また、お子さんと一緒に学ぶうちに、保護者の方も自然に英語が話せるようになるはずです。発音が苦手だからと、人前で英語を話すことに抵抗がある方も多いでしょう。でも心配ありません。方法さえわかれば、発音を直すことはできるのです。

私は Acquired Native English Speaker【ANES】（後天的な英語ネイティブスピーカー）と呼んでいますが、大人になってからでも、ネイティブのような発音を身につけることはできます。100％完璧な英語ネイティブのようにということではなく、日本語ネイティブが、日本語という機能を使って英語ネイティブのような発音に限りなく近づける。これが【ANES】後天的な英語ネイティブスピーカーなのです。小さいときから英語を話していなくても、皆さんには、英語をネイティブのように話す素質があるのです。

本書では、子どものときに「バイリンガルよみきかせ」をすることの効能を解説しています。そして、お子さんと一緒に英語を学ぶ大人の方が、発音を矯正するためのコツを紹介します。最後に、お子さんに英語で話しかけたり、ゲーム感覚で日常生活の中に英語を取り入れたり、バイリンガルで絵本のよみきかせをする場合の事例を紹介しています。親子で、あるいは保育園や幼稚園で、楽しみながら英語を学んでいただけると幸いです。

むかしむかし…

Once upon a time…

目次

はじめに─バイリンガル願望─・・・・・・・・・・・・・・・・・・3

第1章
バイリンガルの基本は日本語────────11

帰国子女=バイリンガルではない・・・・・・・・・・・・・・12

本当のバイリンガルとは何か・・・・・・・・・・・・・・・13

豊かな日本語表現を身につける・・・・・・・・・・・・・・14

大人になってからでもネイティブ発音できる・・・・・・15

幼少期の言語体験は無駄にならない・・・・・・・・・・・15

日常生活の中で英語に触れる・・・・・・・・・・・・・・・17

第2章
バイリンガル絵本よみきかせのススメ──19

幼児脳を活性化・・・・・・・・・・・・・・・・・・・・・・・・20

動画視聴でことばが遅れることも・・・・・・・・・・・・20

長時間のスマホ使用は注意が必要・・・・・・・・・・・・21

若年のスマホ老眼にも注意・・・・・・・・・・・・・・・・22

想像力を育む絵本・・・・・・・・・・・・・・・・・・・・・・23

絵本のよみきかせの効用・・・・・・・・・・・・・・・・・・23

よみきかせで読み手も成長する・・・・・・・・・・・・・24

子どもは親の声で安心する・・・・・・・・・・・・・・・・25

語彙力強化で情緒が安定・・・・・・・・・・・・・・・・・・26

第3章
ネイティブな発音は難しくない―――27

大人もバイリンガルになれる・・・・・・・・・・・・・・・・・28

ネイティブっぽい発音でOK・・・・・・・・・・・・・・・・・29

英語の発音ができない原因は日本語・・・・・・・・・・・・29

日本語の発音は母音を強調する・・・・・・・・・・・・・・30

耳から日本語になったことば・・・・・・・・・・・・・・・・32

「ウ」の口でネイティブっぽく・・・・・・・・・・・・・・・・34

空耳英語でネイティブっぽく・・・・・・・・・・・・・・・・36

尾崎豊『I LOVE YOU』今昔　*38*

発音できれば聞き取りもできる・・・・・・・・・・・・・・39

第4章
日常生活の中に英語を取り入れる―――41

流暢な調子をつくる5つのルール・・・・・・・・・・・・・42

ルール1　単語は点、ルール2　前置詞は後ろにつけ
て点、ルール3　「主語＋動詞」は点、ルール4　a、e、i、o、
uは前につなげる、ルール5　t、dは後ろにつなげる

赤ちゃんに話しかけよう・・・・・・・・・・・・・・・・・・・47

朝起きて、おむつを替えるとき、ミルクをあげるとき、
ぐずったときには、お出かけ前、お散歩中に、家に帰っ
たときに、おやすみ前に、赤ちゃんに愛を伝える

覚えておきたい幼児語　　*54*

日常のことばが楽しい絵本　　*56*

7

第5章
ほめたり叱ったりの英語表現————59

ほめたり叱ったりも英語で・・・・・・・・・・・・・・・・・・・・*60*

朝の準備、いたずらを注意する、お出かけ前、歩きながら、お店や電車などで子どもが騒いだら、安心させたりはげましたり、公園で、お友達と遊ぶとき、家に帰ってきたら、おやつの時間、おかたづけ、ごはんのとき

　　食事中に"助け"とは？　　*71*

　おやすみの時間

子どもをほめよう・・・・・・・・・・・・・・・・・・・・・・・・・・*72*

　　ほめたり叱ったりの絵本　　*76*

第6章
会話しながら単語を覚えよう————79

色の名前を覚えよう・・・・・・・・・・・・・・・・・・・・・・・・*80*

　　色の出てくる絵本　　*82*

曜日や数を言えるようにしよう・・・・・・・・・・・・・・・*84*

○○を触ってみて・・・・・・・・・・・・・・・・・・・・・・・・・・*86*

　　日本人は体の部位があいまい？　　*86*

これって英語でなんて言うの？・・・・・・・・・・・・・・・*88*

　　動物の出てくる絵本　*94*

第7章
遊びながら英語のリズムに慣れる———101

生活の中でも英語を使ってみよう・・・・・・・・・・・・*102*
　　キッチンでお手伝いしながら、お寿司屋さんに行った
　　とき、スーパーでお買い物中、お散歩しながら

英語のことば遊び・・・・・・・・・・・・・・・・・・・・・*108*
　　じゃんけんをしてみる、どちらにしようかな

英語で歌ってみよう・・・・・・・・・・・・・・・・・・・*110*
　　きらきら星、マクドナルド爺さんの牧場、ロンドン橋

　　リズムが楽しい絵本　116

第8章
絵本のバイリンガルよみきかせに挑戦——119

バイリンガルよみきかせとは・・・・・・・・・・・・・・・*120*

よみきかせで役立つ表現・・・・・・・・・・・・・・・・・*120*
　　本を読む前、読んでいる最中、読み終わって、よみき
　　かせをねだられたとき

　　お気に入りのことばをカードに　　127

よみきかせ練習・・・・・・・・・・・・・・・・・・・・・*128*
　　よくばりな犬、The Greedy Dog、ウサギとカメ、The
　　Rabbit and the Turtle

　　バイリンガルで読める絵本　134

付録————————137
あとがき・・・・・・・・・・・・・・・・・・・・・・・・*155*

　　よみきかせ英語教室の案内　　156

音声の利用方法

本書購入特典として、8章の語りかけ表現と物語のよみきかせ音声データを無料でダウンロードしてご利用いただけます。パソコンで下記のURLにアクセスしてダウンロードしてください。

http://www.webbookfair.com/ehon/drkeyt.html

※ダウンロードされるのは圧縮されたファイルです。解凍してご利用ください。

※音声ファイルはMP3形式です。Windows Media PlayerやiTunes等の対応ソフトを使って再生してください。

※ご使用の機器やインターネット環境等によっては、ダウンロードや再生ができない場合があります。

※本音声データは、一般家庭での私的利用に限って頒布するものです。法律で認められた場合を除き、著作権者に無断で本音声データを改変、複製、放送、配信、転売することは禁じられています。

※本特典は、告知なく配布を中止する場合があります。

第1章

バイリンガルの基本は日本語

バイリンガルになるには、幼少時に英語圏での生活が必須だと考えている人も多いと思います。しかし、自分の母語をきちんと身につけていなければ、他言語を使いこなすことは難しいのです。バイリンガルになるために幼少期の言語体験は重要ですが、それは決して英語圏で生活するということではありません。

帰国子女＝バイリンガルではない

　私は職業柄、いわゆる帰国子女と呼ばれる日本人学生と接する機会が多くあります。彼らは英語圏で生まれたり、小さいころに海外に移住したりという環境で英語に接してきた人たち。いわゆるバイリンガルと呼ばれる人たちです。

　では彼ら全員が、日本語と英語を自由に操っているかというと、実はそうでもないのです。彼らは彼らなりの悩みを持っています。

　ある学生は、英語の発音はきれいですが、耳から自然に英語を覚えたことで、文法が得意ではありません。日常的な英会話は問題なくできるのですが、プレゼンなど多くの人の前で話さなければいけない場面では、日常生活の英語表現とは異なる表現が必要となるので、英語がうまく話せないのです。あるいは英作文が苦手な学生も多くいます。

　一方、日本語に関しては、漢字がわからない、作文が書けないという学生も少なくありません。また日本語が英語なまりになって、からかわれたりして嫌な思いをしたという経験もよく聞きます。

　幼いころから日本語と英語を使う環境で育ち、どちらも不自由ないと思われる帰国子女たちですが、両言

語を使うことに関しては、いろいろな悩みを持っている人のほうが多いのです。海外で育ったからといって、だれもが自然にバイリンガルになれるわけではないのです。

本当のバイリンガルとは何か

では、本当のバイリンガルとは何でしょうか。バイリンガルとは一般的に二言語を使えること。また、その人のことをいいます。本書ではもう少し限定して、二言語を自由に使いこなすことをバイリンガルと呼びます。

さて、使いこなすとはどういうことか。前述したように、日常会話では英語も日本語も自由に使えているように見える人でも、実は文法や作文が苦手な人もいます。また、ビジネスの現場でプレゼンができなかったり、敬語が話せなかったりしたのでは、使いこなしているとは言えません。

目指すのは、二言語で論理的に自分の考えを話したり書いたりできる、本当のバイリンガルです。そのためには、まず母語をしっかりと使えることが重要です。日本語で自分自身の世界観を確立したうえで、英語を覚えるほうが効率的なのです。両言語をネイティブの

第1章　バイリンガルの基本は日本語　13

ように使いこなすには、自分の母語を確立して、その母語を通して第二外国語を学習することが、重要なのです。

豊かな日本語表現を身につける

　日本語は表現力が豊かな言語です。文字だけでも、漢字、ひらがな、カタカナとあり、基本的にはアルファベット26文字で構成される欧米言語に比べると、非常に多様な表現が可能であることがわかります。

　また日本語の大きな特徴として、物事の状態や感情、動物の鳴き声などを表す擬態語や擬音語があります。これらは総称してオノマトペと呼ばれますが、たとえば「川がさらさら流れる」「胸がどきどきする」「おかしくてげらげら笑う」などと、意識せずともだれもが使っていると思います。英語には基本的に幼児語以外にオノマトペはありません。

　こういった豊かな日本語表現をしっかりと身につけてから英語を学ぶことで、英語でもぶれずに自分の考えや感情を表せるようになるのです。

大人になってからでもネイティブ発音できる

　ここまで、本当のバイリンガルになるためには、母語を確立することが重要だと述べてきました。また、大人になってからでもバイリンガルになることが可能だという説明をしました。

　幼少期に英語圏で過ごした帰国子女と、日本で英語を習得した人との、一番大きな違いとして皆さんが認識しているのは発音だと思います。しかし、日本語発音をネイティブのような発音に矯正することは不可能ではありません。日本語と英語の違いを理解し、訓練をすることでネイティブっぽい発音を手に入れることができるのです。

　"What time is it now." が「掘った芋いじるな」に聞こえるという話を聞いたことがある人も多いと思います。ある意味この「空耳」が正しい発音なのです。この英語と日本語の違いと訓練方法は第3章で詳しく解説します。

幼少期の言語体験は無駄にならない

　では、幼少期に第二言語を勉強する必要はないのでしょうか。そんなことはありません。幼少期から第二

第1章　バイリンガルの基本は日本語　15

言語に触れておけば、より容易に二言語を習得できることも事実なのです。

　人の脳は神経細胞や神経回路の形成と消滅によって発達すると考えられています。この脳への刺激に対する効果が最も現れる時期は、感受性期または臨界期と呼ばれています。この時期が正確に何歳までかは、はっきりとはわかっていませんが、機能によって異なると考えられています。そして、言語習得の臨界期は、10歳前後とする研究者が多いようです。母語に関しては、6歳ぐらいまでにある程度の情報処理回路が完成すると言われています。

　そこで多くの専門家が指摘しているのが、6歳までの子どもの言語教育の重要性です。脳の基礎がつくられる6歳くらいまでに脳に日本語、英語の刺激を与えておけば、その後、第二言語習得をやめてしまっても、後の勉強の再開でスムーズに習得できると言われています。

　私のクラスでも、「幼少期に英語圏で過ごしたけれど、英語は全く覚えていません」という学生がいます。そういう学生でも、英語の学習を始めると発音がネイティブ並みだったり、言語習得能力が高かったりすることが少なくありません。幼少期の英語体験が無駄になっていないという証左でしょう。

日常生活の中で英語に触れる

　幼少期の英語学習といっても、それほど難しく考える必要はありません。日常生活の中にさりげなく、楽しく英語を取り入れることが重要です。

　人は、楽しいことと一緒に覚えたことは思い出しやすい、という研究もあります。逆に嫌々勉強させられて学んだことは、思い出そうとすると一緒につらかったことまで思い出すため、記憶の奥底に押し込めて取り出しにくくなっているというのです。

　楽しく英語体験できる方法として、ここでは、日常生活の中に英語を取り入れる「どこでも英語」を紹介しています。具体的な方法は第4章以降に詳しく書いていますので、実践してみてください。

　そして最終的には、お子さんにバイリンガルでの絵本のよみきかせをしてあげましょう。英語で絵本を読むのは難しいのではないかと尻込みする方も多いと思いますが、日常生活の中に英語を取り入れることで、英語を発音することへの抵抗も薄れていくはずです。

　なぜ絵本のよみきかせがよいのか。次の章では、絵本よみきかせにどういったメリットがあるのかを見ていきましょう。

第1章　バイリンガルの基本は日本語　**17**

第 2 章

バイリンガル絵本 よみきかせのススメ

幼少期のバイリンガル体験としておすすめなのが、絵本のよみきかせです。日本語で物語を理解し楽しむことで日本語力が上がる一方、英語の音に慣れるというメリットもあります。この章では、具体的にどういった効用があるのか、なぜ他のツールでなく絵本がよいのかを説明していきます。

幼児脳を活性化

　子どもの脳は柔軟なので、無限の可能性があります。この時期にさまざまな刺激を与えて脳を活性化させる、つまり鍛えることで発達してゆくと言われています。

　もちろん、日常生活を送る中でもいろいろな刺激がありますが、日常とは違う体験をさせることで、脳はさらに大きく活性化するのです。具体的に五感（視・聴・嗅・味・触の五つの感覚）をたくさん使わせることが大切です。その五感を活性化させる教材として、絵本はとても優れていると考えられます。

動画視聴でことばが遅れることも

　子どもの五感を活性化させる幼児用教材には紙の本のほか、DVD、インターネット、スマホ・タブレットのアプリ教材等、さまざまなものがあります。価格も無料でお試しできるネットサービスから高額なものまで、幅広い種類のものがあります。

　こういった教材の多くは、動画などを利用して、子どもが飽きずに楽しく学べる工夫がされています。しかし、内容や学習法は優れていても、子どもの発達に

悪影響を及ぼす可能性も指摘されています。

　たとえば日本小児科学会が2004年に「乳幼児のテレビ・ビデオ長時間視聴は危険です」という提言を発表し、テレビ・ビデオの長時間視聴が子どもの言語発達の遅れに関係していることを示しています。また言語の発達や社会性に遅れがある子どもが、テレビ視聴を止めると改善が見られる例があるという報告もあります。

長時間のスマホ使用は注意が必要

　幼児を静かにさせたり、落ち着かせたいときに、スマホやタブレットなどの端末を渡して遊ばせておくこともあると思います。それが一概に悪いというわけではありませんが、デメリットもあります。繰り返しそれをしていると、乳幼児の健全な発達や発育に悪影響を及ぼし、親子のコミュニケーションも少なくなり、情緒的な発達に影響があるといった指摘が少なくありません。あるいは、幼児もスマホ依存症になってしまい、スマホがないとぐずったり、泣き止まなくなったりすることもあります。

　また、姿勢も悪くなってきます。大人でもスマホを見ているときは、背筋が丸くなり背中や首などの骨や

第2章　バイリンガル絵本よみきかせのススメ　　21

筋肉に負担がかかります。これが慢性的に続くと、頚椎の湾曲がまっすぐになる、いわゆるストレートネックとなり、肩こりや頭痛といった不調の原因となります。長時間同じ姿勢を続けることで、大人でもこういった悪影響があるのですから、発育途中の幼児にとっては、当然よくないはずです。

若年のスマホ老眼にも注意

　スマホの長時間使用は視力にも影響します。文部科学省の学校保健統計調査によると、2017年度の裸眼視力が1.0未満の幼稚園児の割合は24.5％、これはここ数年横ばい傾向ですが、小学生は32.5％と過去最高になっています。子どもたちの視力低下の一因はスマホやゲーム機などの長時間利用であると、眼科医などは指摘しています。

　テレビもおもしろくて夢中になってくると、知らず知らずのうちに近づいてしまうこともあります。スマホやテレビを近くで見ると、ピントの距離が常に一定になり、かつ近い距離になります。これを長く続けると、ピントを合わせるための筋肉が凝り固まってピント調節がしづらくなり、遠くが見えにくくなります。スマホ老眼とも呼ばれる仮性近視の状態ですが、放っ

ておくといずれは本当の近視になってしまう恐れがあります。

想像力を育む絵本

　絵本は絵と文字だけで、とてもシンプルです。動画やアプリに比べれば、視力や姿勢に及ぼす悪影響も少ないと考えられます。

　子どもは絵を見ることで、さまざまなイメージを思い浮かべることができます。物語がどんどん進んでいく動画と異なり、絵本は自分のペースで見ていくことができます。ときには前のページに戻って、自分なりに物語を考えたり、登場人物の気持ちになったりと、さまざまな楽しみ方が可能です。

　こういった経験が、子どもの豊かな感情や想像力を育むことになるのです。また、子どもが文字を読めない時期には、大人がよみきかせを行うことになります。よみきかせには、コミュニケーション力や語彙力、集中力を養う効果もあると言われているのです。

絵本のよみきかせの効用

　よみきかせをすることは、子どもにとって、いろい

ろな効用があります。絵本のわかりやすい絵を見て、整理されたことばを聞いて、視覚と聴覚が刺激され、脳が活性化します。

ことばがわからない時期も含めて、幼児期にたくさんのことばを投げかけると、成長してからの読解力によい影響を与えます。いろいろなストーリーをたくさん聞くことを通して語彙が増えていくのです。

また本を読む習慣が身につき、本好きな子どもに育ちます。耳を傾けることで集中力、注意力を養うことができます。物語を聞くことで想像力や知的好奇心が育ってゆきます。

よみきかせでは、親子のスキンシップも生まれます。小さいころからの親子のスキンシップは、子どもが感情豊かで思いやりのある大人へと成長するためにはとても大切なものです。家族の絆も深まります。

よみきかせで読み手も成長する

絵本のよみきかせは、聞く子ども側だけでなく、読み手の大人にもメリットがあります。

声に出して読むことで脳が活性化します。文章を目で認識し、声に出し、自分の耳で聞く、それだけでも黙読するときより多くの動作が必要になり、脳が活性

化されていることはいうまでもありません。

　加えて、子どもに興味を持たせるために、文章の内容を印象的に伝えるように読む工夫をします。声の高低、強弱などで作品の情景や登場人物の感情を表現する行為はさらに繊細な作業です。したがって読み手の側も脳が活性化されるだけでなく、ストレスが軽減されたり、自制心を鍛えられると言われています。

子どもは親の声で安心する

　赤ちゃんはことばを話せるようになるずっと前から、大人のことばに影響を受けています。お母さんのお腹の中にいる、妊娠７カ月ぐらいには聴力が備わっていると言われていますので、医者にすすめられて、そのころから胎教としてよみきかせを始めたという人もいます。赤ちゃんは話の内容までは理解できなくても、お母さんの声をお腹の中で聞いて安心するという効果があるようです。

　よみきかせは、絵本を通して子どもに語りかけることです。日常生活の中で、赤ちゃんが泣き出したときに、「オー、よしよし、いい子でチュネ」「おなかすいたね」「オムツ替えましょうね」などと語りかけることと同じです。絵本を通していろいろなお話、事柄を

第2章　バイリンガル絵本よみきかせのススメ　25

子どもたちに語りかけてゆくのです。

語彙力強化で情緒が安定

　子どもの語彙が増えて、自分の気持ちをことばで表せるようになることで、情緒が安定します。言い換えれば、自分の内に湧いた思いを吐き出せずにいる欲求不満が、子どものいろいろな問題行動の原因となります。思いをことばに置き換えることができれば心が安定し、落ち着いていられるのは自然なことです。

　同じ本を繰り返しよみきかせるのも、とてもいいことです。一度読んだ本に関しては、二度目以降のよみきかせでは子どもの反応が多彩になります。自分の驚きや思ったことを発信することが多くなってくるのです。絵本の楽しさをじっくり味わううえでも、繰り返し読むことが大切です。

第3章

ネイティブな発音は
難しくない

英語でのよみきかせをするときに、多くの人が問題にするのが発音です。子どもに間違った発音を教えてしまうのが不安だという話も聞きます。なぜ日本語のような発音になってしまうのか、その理屈がわかれば直すのも難しいことではありません。シンプルな練習で、だれでもネイティブっぽい英語を話せるようになるのです。

大人もバイリンガルになれる

　日常生活の中でお子さんと一緒に英語を話しましょう。こう言うと、たぶん、「ちょっと待って！　私、英語が苦手なんです」「私の発音では子どもに間違った英語を覚えさせてしまう」「無理！」などの声が聞こえてきそうです。

　1章で「幼少期の学習が大事」だという話をしました。もちろん、幼少期に英語を学べば、バイリンガルになることがより容易になります。けれど、大人になってからバイリンガルになることも決して無理ではありません。遅すぎるということはないのです。

　私が出会った真のバイリンガルと思う方たちは、日本語ネイティブも英語ネイティブも、どちらも大人になって第二言語を習得された方が多いです。特に翻訳の世界では、英語を日本語に、日本語を英語に訳すのですから両言語を熟知していなければいけません。両言語をネイティブのように使いこなしているのです。自分の母語を確立して、その母語を通して第二外国語を学習することが、重要なのです。

ネイティブっぽい発音で OK

発音に関しては、ネイティブらしく英語の発音をすることは、そんなに難しいことではありません。「はじめに」でも述べましたが、100％完璧な英語ネイティブのようにということではなく、日本語ネイティブが、日本語という機能を使って英語ネイティブのような発音に限りなく近づける。これが【ANES】（Acquired Native English Speaker）、後天的な英語ネイティブスピーカーなのです。

ただ単に、英語の発音をするだけなので、文法、ボキャブラリー等、今まで皆さんが勉強されてきたいわゆる学校英語とは、まったく違います。そういった英語の得意・不得意には関係なく、身につけることができます。

この章では英語をネイティブのように発音するコツを、ゆっくり、一つひとつ理解していきましょう。

英語の発音ができない原因は日本語

英語がきれいに発音できない原因は何でしょうか？答えはとてもシンプルです。それは皆さんの母語である日本語が原因です。英語だけではなく、外国語がう

まく発音できない原因は日本語なのです。皆さんの日本語発音が、きれいな英語発音の邪魔をしています。言い換えれば、皆さんが普段話している日本語と違いすぎるから、発音が難しいのです。

　日本語と英語にはいろいろな違いがあります。音声に限って言えば、両言語の違いを理解することが重要です。もちろん、生まれたときから英語を話している人とは、顔や舌の使う筋肉が異なりますので、完全に同じような発音をするのは不可能です。しかし違いを理解することで、限りなくネイティブに近い発音をするコツが見えてきます。あとは適切な練習を積み重ねれば、発音は短期間にみるみる上達していきます。

日本語の発音は母音を強調する

　What time is it now?

　というセンテンスで考えてみましょう。このセンテンスをネイティブが言うと「掘ったイモいじるな」に聞こえるという話をよく聞きます。実は、これが流暢な英語の音なのです。

　日常生活の中で流暢に話される日本語と英語の音を比較した際、いちばんの違いは母音と子音の比率です。日本語の場合、母音と子音の比率は母音が約６割で子

音が4割です。それに対してアメリカ英語ではその比率が、母音が約3割で子音が約7割となってしまいます。さらにイギリス英語にいたっては、母音が2割、子音が8割です。つまり、英語の母音の出現比率は日本語に比べて極めて低いのです。

英語の音に慣れていない日本人が man という単語を発音する際、「マアン」と母音の「ア」という音をはっきり発音します。実際に流暢な英語の場合、man の "a" の音は弱く響いて、"mn" という子音が強く響いてきます。この単語をそれぞれ英語が母語の人と日本語が母語の人にゆっくり発音してもらうと、その違いは顕著に表れます。

日本語が母語の人は「ムアーーーーーン」とアの音を長く伸ばします。mn が淡白で、真ん中の a が長く伸びるのです。それに対して英語が母語の人は「ムーーーーーーァンーーーーー」と、mn が長く伸びて間の a を短く発音します。

母音が多い日本語を母語とする人は、英語でも母音を強調して発音してしまい、子音を強調する英語がうまく発音できないのです。

このように、ネイティブらしい、きれいな英語の発音というのは、母音が弱く子音が強い発音です。つまりこれを意識して練習すれば、簡単にネイティブらし

い発音ができるようになるのです。

たとえば What time is it now? の場合、英語に慣れていない人が、意識せずに発音してしまうと、

What　time　　　is　　it　　now?
ふあ　たあいむう　いず　いとお　なあう

というように、太字になっている母音の部分が強調されてしまいます。一方、ネイティブの英語で強く響いてくる音は、

What　time　　is it now?
ほあ　たいむ　いず　ぬあ

というように、子音が強調され、「掘ったイモいじるな」のように聞こえてくるのです。

耳から日本語になったことば

What time is it now? 以外にも、英語のネイティブスピーカーが言ったことばを聞いて、そのまま日本語として取り込んでしまった例もたくさんあります。

次のことばは、みなさんが、目で読んだときと耳で聞いたときの印象が違うことばです。それぞれどんなことばかわかりますか？

1. ラムネ
2. メリケン
3. ワイシャツ
4. ミシン
5. デブチン

これらはすべて、皆さんが知っている英語が元に
なっているのです。

1. レモネード ➡ Lemonade ➡ lmn ➡ラムネ
2. アメリカン ➡ American ➡ mrcn ➡メリケン
3. 白シャツ➡ White Shirts ➡ whshts ➡ワイシャツ
4. 機械（マシーン）➡ Machine ➡ mchn ➡ミシン
5. 二重あご➡ Double chin ➡ dblchn ➡デブチン

といったように、子音が強調された音を聞こえたま
まに取り込んでしまったのです。
　すべて、母音を明るく強調して発音する日本語ネイ
ティブの人が、子音を強調して母音を弱く発音する英
語ネイティブの人の発音を耳から聞いて、外来語とし
て日本に定着したことばです。

「ウ」の口でネイティブっぽく

　ここまで説明してきたように、英語を流暢に発音するコツは、子音を強調して、母音を抑えて発音することです。そうは言っても、どうすればそれができるのかがわからないという声が聞こえてきそうです。その簡単な方法が「ウ」の口で発音することなのです。

　日本語ネイティブが、日本語を発音する際、母音が強調されてしまう原因は、「あ」の場合は、下唇、下あごが大きく動いてしまうことです。「え」と「い」の場合は、唇を横に引っ張ってしまうのが原因です。鏡の前で、「あ」、「え」、「い」を発音して動きを確認してみてください。唇やあごが動いてしまっているのがよくわかると思います。

　ネイティブらしく発音するための最初のステップはこの唇、下あごの動きを抑えることです。それをする簡単な方法が「ウ」の口での発音です。

　先ほどの Lemonade や American を、ウの口を意識して発音してみましょう。どうですか？　それぞれが日本語のラムネ、メリケンのように流暢な発音に変わりますね。

「ウ」の口で発音するだけで、かなりネイティブっぽくなったと思いますが、少しモゴモゴしてしまいます。

34

そこで「ウ」の口の発音に慣れてきたら、次は子音を有声化していきます。

有声化というのはそんなに難しいことではありません。Lemonade でしたら、子音 LMND を発音します。L＝ル、M＝ム、N＝ヌ、D＝ド、「ルムヌド」、これを「ウ」の口で発音します。American は MRCN（ムウクン）、White Shirts は WHTSHTS（ウトシュツ）、Machine は MCHN（ムシン）、Double は DBL（ドブル)を「ウ」の口で発音してみましょう。かなり英語っぽくなったのではないでしょうか。このように、流暢に英語を発音するためのコツは、「ウ」の口を意識し、子音を有声化することです。

空耳英語でネイティブっぽく

　もうひとつネイティブっぽく発音するコツとして「空耳英語」を紹介します。最初に書いた「掘った芋いじるな」は有名ですが、英語なのに、その音が日本語に聞こえてしまう単語やセンテンスがあります。これも子音の強調がなせる技です。

　これらの空耳英語を通して、英語の子音の強調を体感してみてください。発音する際には、子音を強調して母音を抑えることに留意してください。

　子音を強調するレッスンや、文章を発音するときの単語のつながり（リエゾン）については、拙著『オドロキモモノキ英語発音』（ジャパンタイムズ）で詳しく解説していますので、発音をもっと磨きたいという方は、ぜひ参考にしてください。

発音	英語 (意味)
揚げ豆腐	I get off. (降ります)
冬そば	Feel so bad. (ほんとに気分が悪い)
荒井注	I'll write to you. (あなたに手紙を書くね)
湯呑み	You know me. (あなたは私を知っている)
兄、移住	I need you. (あなたが必要だ)
おしまいか！	Wash my car. (私の車を洗って)
ていうか、あっち行け	Take a ticket. (チケットをとって)
夕飯はカンピョウだ	You have a computer. (あなたはコンピュータを持っている)
夕方、滅入る	You got a mail. (メールが届いたよ)
紙屋	Come here! (こっちへおいで)
つらいです	Try this. (これ試して)
斉藤寝具	Sightseeing (観光)
掘った芋いじるな！	What time is it now？ (今何時ですか)
知らんぷりー	Sit down, please. (お座りください)
幅ないっすね	Have a nice day! (よい一日を)
アホみたい	Ah, hold me tight. (あー、ぎゅっと抱いて)
いつも会いたい	It's my tie. (私のネクタイだ)
わしゃ、変	Wash your hands. (手を洗って)
痙攣だ	Calendar (カレンダー)
アルバイト	I'll buy it. (それ買います)
適当、維持	Take it easy. (気楽にね)

尾崎豊『I LOVE YOU』今昔

　英語の発音は、日本語よりもリゾナンスを上げます。リゾナンスというのは声が響く位置のことで、従来日本人はこれがのどの辺りにありました。英語ではリゾナンスが口先にあるので、位置を上げるとよりネイティブに近い発音できるようになるのです。ところが、今の学生は日本語ネイティブでもリゾナンスが口先にある人が多いようです。日本人の食生活が変わり、柔らかい食べ物が多くなったことであごの骨格が変化しているそうですが、それがリゾナンスにも影響を与えているのかもしれません。

　リゾナンスの変化に関しては、『I LOVE YOU』のカバー曲でも感じました。1991年に発売された尾崎豊のオリジナルバージョンでは、母音を強調した発音で、歌詞もしっかりと聞き取れます。ところが EXILE ATSUSHI が歌うカバーは英語部分の発音だけでなく、日本語歌詞でも子音がかなり強く、英語に近い発音です。母音の強調具合は、日本の中でも地域によって多少異なり、東海地方のイントネーションで話す人が、母音が強い傾向にあるようです。したがって、1965年生まれの尾崎豊（両親が岐阜生まれ）と1980年生まれの EXILE ATSUSHI という、世代の差だけではないかもしれません。とはいえ、日本人の発音はかなり英語に近づいてきているのではないかと思います。

発音できれば聞き取りもできる

　ネイティブのように発音できるようになると、英語のリスニング力も上がってきます。

　英語が聞き取れないのは、そもそも自分の発音とネイティブスピーカーがしゃべる英語の発音との間に大きなギャップがあるからです。音として聞こえてきても、このギャップがあると、その音が表す意味を理解できないのです。

　たとえば、pen や desk といった単語の音がすんなり耳に入り、意味が理解できる理由は、単語が簡単だからなのではなく、日本人の発音「ペン」「デスク」とネイティブの発音との間のギャップが小さいからです。

　逆に音が聞こえてこないのは、そのギャップが激しい場合です。Oasis という単語を発音してみてください。多くの日本人は「オアシス」と発音してしまいますが、実際のネイティブの英語では「アウェイシス」と発音されます。このようなギャップが英語の音の聞き取りを難しくしているのです。

　「聞く」ことと「話す（発音する）」ことは別物ではありません。まず、自分の英語の発音を矯正してネイティブの発音とのギャップを埋め、英語が聞こえやす

第3章　ネイティブな発音は難しくない　39

い耳を作ります。それから、順々に英語の音に慣れていくことがリスニング上達のコツです。

　声に出して発音することで、自分が発する声（音の波）は頭がい骨で響き渡っています。その音の波は頭がい骨を伝わって、聴神経に届きます。ですから、きれいに英語を発音すればするほど、英語を聞く練習にもなるのです。

第4章

日常生活の中に英語を取り入れる

ここからは実践編になります。日常生活の中に英語を取り入れることで、親子で自然と英語になじんでいきましょう。日ごろから赤ちゃんに「おむつ換えようね」とか「お腹すいたの？」などと話しかけていると思いますが、これを英語にするだけです。発音の5つのルールをマスターして、流暢に語りかけてみましょう。

流暢な調子をつくる5つのルール

　ここからは子どもに語りかける実践編になります。
ANESの親が子どもに英語らしい音で語りかけるに
は、子音を強調して、母音を弱く発音します。そのこ
とで、日本語にはない音の波、一種の「流暢な調子」
が生まれます。

　その流暢な調子をつくる方法は、次に挙げる5つ
のルールに集約されます。これらのルールを習得すれ
ば、きれいな聞き取りやすい英語を話せるようになり
ます。このルールに従って、子どもに語りかけてみま
しょう。

　　ルール1　単語は点
　　ルール2　前置詞は後ろにつけて点
　　ルール3　「主語＋動詞」は点
　　ルール4　a、e、i、o、uは前につなげる
　　ルール5　t、dは後ろにつなげる

▍ルール1　単語は点

　たとえばtrain（電車）という単語を考えてみましょ
う。初心者の多くは、この単語を「ト・レ・イ・ン」

という4つの音（4つのシラブル）で発音します。しかしネイティブスピーカーが普通に話すとき、これは1拍で、1つの点のように発音されます。

「点」ということを意識しながら、次の単語を1拍で発音してみましょう。おそらく、カタカナで書いたような音に聞こえるはずです。

1. train（トレン）
2. elephant（エレフントゥ）
3. parade（プァレドゥ）
4. saxophone（サクソフン）

「点」として発音されるのは、単語だけに限りません。2つ以上の単語のつながりの場合も同じルールが適用されます。たとえば、this train というフレーズを日本人は「ディス・トレイン」という2つの音のかたまりととらえがちですが、ネイティブは「ディストレン」のように1つの音のかたまり、すなわち「点」で発音するのです。同様に Orange juice は「オレンジ・ジュース」ではなく、「オレンジュス」となります。

▌ルール2　前置詞は後ろにつけて点

日本人の英語の特徴の一つとして、前置詞をはっき

り独立させて発音してしまう点が挙げられます。たとえば、in the box を「イン・ザ・ボックス」というように、前置詞に独特な強調を置いてしまうのです。しかしネイティブの英語では、前置詞は短く、後ろに続く語句につながって「イザボックス」のように、前置詞句全体で1つの点として発音されます。

　1.for you（フォユ）
　2.at the corner（アザコナー）
　3.on the wall（オザウォル）

┃ ルール3 「主語＋動詞」は点

　be動詞の文で、たとえば Orange is……（冠詞は省略）という S（主語）＋ V（動詞）を日本人はふつう、「オ・レ・ン・ジ・イ・ズ」あるいは「オレンジ・イズ」のように、主語と動詞を離して発音してしまいます。ネイティブはこれを普通、1つの音のかたまり、すなわち「点」として発音します。Orange is は「オレンジィズ」、複数形の場合も、Oranges are を「オレンジザァ」と短く発音します。

　一般動詞の場合も同じです。たとえば He plays……を1つの音のかたまり、「点」としてとらえていきます。ただしこの場合は主語を短く発音します。he を「ヒー」

と長く伸ばすのではなく、「ヒ」と短く発音します。したがって「ヒプレイズ」という1つの点になります。

┃ ルール4　a、e、i、o、uは前につなげる

　日本人の話す英語には、母音の前で音を切るという特徴があります。これは、かなり流暢に話せる人でも顕著です。たとえば、He is arriving. を日本人が発音すると、「ヒーズ・アライヴィング」と、arriving の「ア」の前で音を切ります。ネイティブの英語では普通、この arriving の a は、前の he is の s につながって、「ヒイザライヴィング」となり、arriving の a は、明らかに音を変えてしまうのです。

　1.I like it.（アライキトゥ）
　2.That's all.（ザッツォール）
　3.Let's go inside.（レッツゴィンサイドゥ）

┃ ルール5　t、dは後ろにつなげる

　日本人の英語のもう一つの特徴として、t と d で音を止める癖というのがあります。この癖は、発音の際に舌がもつれる原因にもなり、その結果、英語がメリハリのないものになってしまいます。

　たとえば red roses を多くの日本人は、「レッド・ロー

ズィズ」と発音します。しかし、ネイティブは、redのdを後ろのrosesにつなげて、re droses（レ・ドゥロズィズ）と発音するので、明らかに音は変わって聞こえます。I can't goでも、tを省略してメリハリを失わせてしまうのではなく、I can tgo（アィキャン・トゥゴ）と、最初はtを後ろに思い切りつけて発音してみましょう。ネイティブに近い音になるはずです。Don't touchのようにttが重なるときはDon'(t) touch「ドンタッチ」のように、最初のtを発音しません。

1. red roses (re droses)（レ・ドゥロズィズ）
2. Don't stop! (Don tstop)（ドン・トゥストップ）
3. red dog (re(d) dog)（レ・ドッグ）

赤ちゃんに話しかけよう

第2章で説明したように、赤ちゃんはしゃべれなくても、大人の声は聞こえています。この時期に語りかけることは、ことばを覚えるうえでとても大切です。そこで日本語だけではなく、英語でも声をかけてみましょう。赤ちゃんは、ちゃんと聞いています。お母さんの声は届いてますよ。

▌朝起きて

Did you sleep well?
ぐっすり寝れたかな？

Are you wakie wakie now?
もう、お目めぱっちりかな？

Oh, are you awake?
起きたかな？

You are in a good mood today.
ご機嫌だね。

▌おむつを替えるとき

Have you done a poo-poo?
ウンチした？

第4章　日常生活の中に英語を取り入れる　**47**

Have you done a pee-pee?
おしっこした？

Let's take a look.
見せて。

Let's change your diaper.
おむつ替えようね。

Let me wipe your bottom.
おしり拭こうね。

ミルクをあげるとき

You are hungry, aren't you?
お腹すいたのね。

It's time to eat.
おっぱいあげるね。

I pat your back.
背中とんとん。

You burped.
ゲップでたね。

※ hiccups（しゃっくり）、sneeze（くしゃみ）なども

Let's wipe our hands.
手を拭こうね。

Are you finished?
食べ終わったかな？

ぐずったときには

You are in a bad mood today.
ご機嫌ななめだね。

I'll pick you up.
抱いてあげる。

Don't get cranky.
ぐずらないで。

お出かけ前

Let's go for a walk.
散歩行こうね。

Are you ready?
準備はできたかな？

Let's put on your hat.
帽子をかぶろうね。

※ coat（コートを着ようね）、shoes（くつをはこうね）なども

Let's get you into your stroller.
ベビーカーに乗ろうね

お散歩中に

Look! There is a dog(doggy).
見て！ 犬（ワンワン）がいるよ。

第4章 日常生活の中に英語を取り入れる　49

There goes a train.
電車だよ。

There is a bird flying.
鳥が飛んでるね。

Look at the beautiful sunset!
夕焼けきれいだね。

※ moon（月）や、clouds（雲）なども

Can you see the stars?
星が見える？

Let's take a break.
休憩しようよ。

It's time to go home.
そろそろ家に帰ろう。

We are almost there.
もう少しだよ。

家に帰ったときに

We are home!
家に帰ったよ（ただいま）！

We had a lot of fun.
楽しかったね。

Let's take off your shoes.
くつを脱ごうね。

Was it fun?
楽しかった？

おやすみ前に

Are you getting sleepy?
眠くなってきた？

I'll read you a book.
本を読んであげるね。

I'll sing you a lullaby.
子守歌を歌ってあげるね。

Nighty night!
おやちゅみ！

Good night sweetie.
おやすみ。

Sweet dreams.
よい夢みてね。

赤ちゃんに愛を伝える

日本語では、直接的に愛情を表現することは少ないかもしれません。でも、英語なら照れずに自然に愛を伝えられます。

You make me happy.
あなたは私を幸せにしてくれる。

You make me smile.
あなたは私を笑顔にしてくれる。

You are precious.
あなたが大切なの。

I love you.
愛してる。

I love who you are.
ありのままのあなたを愛してる。

I love your smile.
あなたの笑顔が好き。

I love to see you smile.
あなたの笑顔を見るのが好き。

I love to cuddle you.
あなたを抱きしめるのが好き。

I love being around you.
あなたのそばにいるのが好きよ。

I'm so happy to be your mom.
あなたのママでいられて本当に幸せ。

I'll always be here for you.
ママはいつもあなたのそばにいるわ。

I'm always thinking of you.
いつもあなたのことを考えているよ。

I can't live without you.
あなたがいないと生きていけないわ。

You are my treasure.
あなたはママの宝物よ。

※ treasure の代わりに everything（すべて）、sunshine（太陽）、angel（天使）、princess/prince（お姫さま／王子さま）もよく使う

Let me hug you.
抱きしめさせて。

Let me kiss you.
キスさせて。

Let me tell you how much I love you.
ママがあなたをどれだけ愛しているか言わせて。

My sweetheart.
私の大切な子。

You make everyone happy.
あなたはみんなを幸せにしてくれるね。

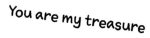

覚えておきたい幼児語

　日本語でも、赤ちゃんには発音しやすい簡単なことば、ポンポン（お腹）、ワンワン（犬）といった、いわゆる幼児語を使うことがあります。英語にも、もちろんそういった表現があります。

　たとえば、おしっこやうんち。大人ならば、トイレに行くときは日本と同様「use the bathroom」のように間接的な表現をしますが、赤ちゃんには pee-pee や tee-tee、tinkle などと言い、make ti-ti（おしっこしましょうね）のように使います。うんちは poo-poo、それから「おまる」を意味する potty も、おしっこやうんちをするという意味で使われます。そういった赤ちゃん時期限定で使われる主なことばを紹介します。

●パパ・ママ

da da	父	(father)
mommie	母	(mother)
paw-paw/grandpappy	祖父	(grandfather)
gammy/nana/nanny	祖母	(grandmother)
sissy	妹・姉	(sister)
bubby	兄・弟	(brother)

●体の部位

boom-boom/hiney	おしり	(buttocks)
peenie/wee-wee	おちんちん	(penis)
footsie	足	(foot)

●名詞

bibby/nippy/passie	おしゃぶり	（pacifier）
blankie	毛布	（blanket）
broom broom	自動車	（car）
choo-choo	汽車	（locomotive）
dolly	人形	（doll）
jammie	パジャマ	（pajamas）
lolli	キャンディー	（lollipop/hard candy）
nap-nap	お昼寝	（nap）
sleep-sleep	寝ること	（sleep）
undie	下着	（underwear）
wa-wa	水	（water）

●動作

cootchie coo	くすぐること	（tickle）
eat eat	食べること	（to eat）

●動物

buggie	虫	（bug）
bunny	うさぎ	（rabbit）
doggie	犬	（dog）
horsie	馬	（horse）
kitty	猫	（kitten/cat）

●その他

yum yum/yummy	おいしい	（good tasting）
icky	汚い・深い	（yuck）
itty-bitty	小さい	（little）
night-night	おやすみなさい	（good night）
peekaboo	いないいないばぁ	

第4章　日常生活の中に英語を取り入れる　**55**

日常のことばが楽しい絵本

絵本の多くは子ども向けに書かれています。また、登場人物も子どもという絵本が多数です。そのため、難しいことばはあまり出てこず、会話なども子どもが日常的に話すことばが使われています。

本書では、赤ちゃんに語りかける表現や、子どもとの会話に使う表現を紹介していますが、絵本では具体

"It's too hot in the sun."
"It's too cold in the shade."
"You're too fast."
"You're too slow."

いつのまにか、反対のことばかり言うようになった2匹の会話が続く場面

ムースとナットは いつのまにか はんたいのことばかり いうように なりました。

「ひなたは あついわ!」 「ひかげは さむいんだ!」

「もっと ゆっくり あるいてよ!」 「もっと はやく あるけよ!」

大きいムースと小さいナット。何もかも違うけれど大親友の2匹。けれど、あるときから違うことのほうが気になりだして……

Together
いっしょなら

ジェーン・シモンズ 作
まつおさなえ 訳

的な場面と共に、そういった表現が使われています。生き生きとした物語の描写で、こういう場面でこの表現を使うんだなということがよくわかります。

逆に、絵本に出てくる表現を、日常生活のどの場面で使えるか考えるのも楽しいと思います。

"I'll help you get home," said the panda bear.
"But the cliff..." the polar bear replied.
"I'll think of something," said the panda.

家に帰れずホームシックになったパンダを白くまがはげますシーン。簡単なことばの会話で描かれている

Panda and Polar Bear
パンダとしろくま

マシュー・J. ベク 作
貴堂紀子・熊崎洋子・小峯真紀 訳
宮本寿代 監訳

生態も生活環境も異なるパンダと白くまが、ひょんなきっかけで仲よくなる物語。2匹のちょっとした仕草がかわいい

第5章

ほめたり叱ったりの
英語表現

お子さんが少し大きくなったら、ほめたり叱ったりするときにも英語で話しかけてみましょう。意味がわからなくても、ほめられればうれしいものです。愛情表現を伝えることばが豊富な英語を活用しましょう。注意するときも、いつもと違うことばを使うことで、お互い冷静になるなど思いがけない効果があるかもしれません。

ほめたり叱ったりも英語で

しゃべれない赤ちゃんの時期が過ぎて、子どもがこちらのことばを理解するようになったら、今度はほめたり叱ったりといった、しつけ表現の英語を使ってみましょう。

▌朝の準備

Time to wake up!
起きる時間よ！

You have wet your bed again!
またおねしょだよ！

Let's wash your face.
顔洗おうね。

Let's brush your teeth.
歯磨きしようね。

Let's get dressed.
お着替えしようね。

Lift your arms.
ばんざいして。

Be still.
じっとしてて。

Stand still.
ちゃんと立っててて。

Here you are.
はい、できたよ。

いたずらを注意する

What are you doing?
何してるの？

Are you up to something?
何かやらかしてる？

Let's stop that, OK?
もう、そうするのやめようね。

Stop it.
やめなさい。

お出かけ前

Please get ready to go outside.
お外に出る用意をしてね。

Do you need to pee or poo?
うんち、おしっこに行かなくて大丈夫？

Hurry up!
急いで！

Put on your shoes.
くつをはいて。

Your shoe is on the wrong foot.
くつが逆だよ。

歩きながら

Shall we get going.
さあ、行こうか。

Eyes ahead.
前を見て。

Hold hands! Fast feet!
（横断歩道を渡るときなど）手をつないで！　急ぎ足！

Stop!
止まって！

Watch Out!
気をつけて！　危ないよ！

Watch out! There's a car coming!
気をつけて！　車が来てるよ！

Watch your head!
頭に気をつけて！

Watch your step!
足元見て！

Please sit up.
起き上がって。

Say "Hello" to ○○ san/chan.
○○さん／ちゃんにあいさつしなさい。

Say, "Hello."
「こんにちは」は？

お店や電車などで子どもが騒いだら

That's not nice.
お行儀悪いよ。

Not now.
今はだめよ。

Calm down.
落ち着いて。

Sit down on your bottom.
ちゃんと座って。

Just stay put.
そのままそこにいてください。

No running!
走らないで！

No shouting!
叫ばないで！

第5章 ほめたり叱ったりの 英語表現　63

Inside voice.
小さい声でしゃべってね。

Voice down please.
もう少し静かにね。

Don't do that.
そんなことしたらダメ。

Don't go there.
そこへ行ったらダメ。

Don't touch it.
触っちゃダメ。

Don't step on it.
踏んじゃダメ。

Don't push him/her.
押したらダメ。

Don't throw it.
投げたらダメ。

Go pick it up.
（放り投げたおもちゃなどを）取りに行きなさい！

安心させたりはげましたり

Mommy is coming to get you.
ママが捕まえちゃうよ。

Give me a hug.
ぎゅーっとして。

I'll kiss it better.
イタいのイタいの飛んでいけ。

No worries.
大丈夫。

There's no need to be afraid.
こわがることはないのよ。

Look what I've found!
いいもの見せてあげようか。

Go for it.
がんばって。

Why don't you try it?
試してみない？

公園で

Let's go on the swing.
ブランコに乗ろうよ。

Go on the slide.
滑り台で遊ぼう。

Play in the sandbox.
砂遊びをしよう。

It will get dirty.
汚れちゃうよ。

Don't get hurt.
怪我しないでよ。

お友達と遊ぶとき

Look, your friends are here.
お友達が来てるね。

Be nice.
やさしくしてあげなさいよ。

Let's take turns.
順番だよ。

It's not your turn.
あなたの番じゃないよ。

Sharing is caring.
ゆずり合うことは(友達を)思いやることだよ。

No fighting!
ケンカはダメ！

Let's kiss and make up.
仲直りしよう。

家に帰ってきたら

Take off your shoes.
くつを脱いで。

Wash your hands.
手を洗って。

Let's gargle.
うがいをして。

You must wash your hands and gargle first.
まずは手を洗ってうがいね。

Let's take a nap!
お昼寝しようね。

Take a good nap.
ぐっすりお昼寝しようね。

おやつの時間

Do you want to grab a bite?
何か食べたい？

Let's have a snack.
おやつを食べようね。

Guess what we're having for a snack.
おやつは何か当ててみて。

You may choose any cake you like.

好きなケーキ選んでいいのよ。

Is it yummy?

おいしいかな？

おかたづけ

Time's up!

時間ですよ！

This is it for today.

はい、今日はここまで。

It's time to finish.

終わる時間よ。

Let's tidy up here!

おかたづけしよう！

Clean up.

かたづけて。

It's time to clean up.

おかたづけの時間よ。

It belongs here.

ここにしまって。

Don't step on the (toy) please.

（おもちゃを）踏まないで。

Take your time.
ゆっくりやって大丈夫だよ。

You don't have to rush.
急ぐ必要はないよ。

Put it back.
それを戻して。

Put it away.
それをしまって。

ごはんのとき

Dinner is ready.
晩ご飯できたよ。

Let's eat.
食べよう。

Chew it well.
ちゃんとかんでね。

Munch on your food.
もぐもぐして。

Look! Daddy is eating, too.
見て！ パパも食べてるよ。

Do you want some more?
もっと食べる？

Do you want another one?
もう1つ食べる？

You are eating so well.
よく食べるね。

You like this, don't you?
これ好きなんだね。

Do you like this?
これ好き？

Do you want some carrots?
にんじん食べる？

Let's eat up.
早く食べ終わろうね。

Take a big bite.
大きな口で食べてごらん。

Just one more bite.
あとひと口ね。

You eat all up.
全部食べちゃったね。

Are you done?
もう、ごちそうさま？

食事中に"助け"とは？

　食事中に "Would you like another helping?" とは、どういうことでしょう？　これは「おかわりはいかがですか？」という意味。helping には「ひとすくい」という意味があります。big helping なら大盛、逆に少なめでいいときには "Give me a small helping" と言います。

　食事に関して日米で異なるのは「主食」に対する考え方。日本で「主食は何？」と聞かれたら、多くの人が米とかご飯、あるいはパンというように答えると思います。ところがアメリカ人に main food element は何かと尋ねると "meat and potatoes" というような答えが返ってくるはずです。たとえばパンだとしても toast とか sandwich のように、具体的な料理名が出てきます。日本人であれば、米やパンをそのまま食べるだけとは考えませんが、食に対する観念が異なるので注意が必要です。ちなみにアメリカで典型的な人のことを meat and potatoes person というような古い言い方もあります。

┃ おやすみの時間

Time for bed.
寝る時間だよ。

It is time for you to go to bed.
もうあなたは寝る時間だよ。

It's already nine.
9時になってるよ。

Have a good night.
おやすみなさい。

Sleep well!
ぐっすり寝てね！

Good night!
おやすみ！

子どもをほめよう

　子どもは、ほめられることが大好きです。日本語と英語、2つのことばでほめることで、子どもの喜びを2倍にしてあげてください。

Awesome!
すごいよ！　最高！

Clever.
賢い。

Cool!
かっこいい！

Excellent!
すごい！

Good job!
よくやった！

Good for you!
よかったね！／よくできたね！

Great!
すごい！

How nice!
なんて素敵／うわ〜すごい！

How smart!
なんて賢いの！

I'm proud of you.
あなたを誇りに思うわ。

Perfect!
完璧！

Way to go!
その調子！

第5章 ほめたり叱ったりの英語表現　73

You did it!

できたじゃん！

I knew you could do it!

できるって知ってたよ

Neat!

きちんとしてる！／（文字などが）きれい！

Good manners!

お行儀がいいね！

Great sharing.

ゆずり合ってえらいね。

How thoughtful of you!

なんて思慮深いの！

How nice of you.

なんていい子なの。

Thank you for caring.

あなたの思いやりの心に感謝。

Thank you for helping.

助けてくれてありがとう。

You are a good helper.

お手伝いが上手ね、すごく助かるわ。

You are so helpful.

すごく役に立ってるよ。

You are caring.
思いやりがあるね

You are so/very kind.
とても親切ね。

You are so sweet.
本当にやさしいね。

You are wonderful.
すばらしい。

You are lovely.
愛らしい。

You are beautiful.
美しい。

You are smart.
賢い。

You are special.
あなたは特別よ。

Good boy/girl.
いい子ね。

You did great.
よくがまんしたね。

第5章　ほめたり叱ったりの 英語表現　　75

ほめたり叱ったりの絵本

絵本の中の子どもたちも、もちろんほめられたり叱られたりします。同じ注意するのでも、優しく諭すときと、言うことを聞かない子どもを叱るときはどう違うのかなど、絵本を見ながら学ぶことができます。

また、子どもに対して使う表現も出てきます。ここで紹介しているベティ・バニーは両親から handful だ

ベティがはじめて食べたチョコレートケーキは yummiest と、yummy の最上級で表現されている

「わからずやさん」ベティ・バニーは、チョコレートケーキの虜。我慢しなさいと注意された彼女がとる、驚きの行動とは!?

Betty Bunny Loves Chocolate Cake
ベティ・バニー チョコレートケーキだーいすき

マイケル・B. カプラン 作
ステファン・ジョリッシュ 絵
小峯真紀・中川紀子・増野綾希子 訳
宮本寿代 監訳

と言われています。handful を辞書で引くと最初に「ひと握りの」という意味が出てきます。ですが、もちろんそれでは意味がわかりません。ここでは「わからずやさん」と訳されているこのことば、「手に負えない（余る）人」という意味もあるのです。

お行儀が悪いといつもママから注意されているケイト。でも何が悪いのかわからないケイトは、女王様にマナーを教わろうと、手紙を書きます。お城に招待されたケイトが体験した、女王様の驚きのマナーとは!?

Eat your cabbage before it goes cold.
Don't wipe your nose on your sleeve, Kate.
Why can't you do as you're told?
Don't take another potato-
Just eat what you've got on your plate.
Chew your meat, use your fork,
sit still and Don't talk.
Hurry up or we're going to be late.

この絵を見れば、だれでも注意したくなると思うが、叱る表現がこれでもかと出てくる

Don't Dip Your Chips in Your Drink, Kate!

だって たのしく たべたいんだもん

キャリル・ハート 作
リー・ホジキンソン 絵
呉藤加代子 訳

第5章 ほめたり叱ったりの 英語表現 77

第6章

会話しながら
単語を覚えよう

ここまでは、主にお母さんなど大人が子どもに話しかけることばを紹介してきました。次に、お子さんと一緒に遊びながら英語を覚えていきましょう。いろいろなシチュエーションで、「これって英語でなんて言うの?」と、ゲーム感覚で楽しみましょう。こういうことを繰り返すだけで、単語力がついていきます。

色の名前を覚えよう

　生活の中には、さまざまな色があります。お子さんと散歩をしながらあれこれ指差して、以下のような会話をしてみましょう。

Tell me what color this is.

これは何色？

Red!

赤！

Good job!

よくできました！

Then what color is this flower?

じゃあこの花は何色？

Pink.

ピンク。

Terrific!　How about this shirt?

すごい！　じゃあこのシャツは？

White?

白？

Correct!

正解！

　正しく言えたときには、72ページの表現を使って、必ずほめるようにしましょう。

80

いろいろなものを指して "What color is this?" と言っ
てみましょう。

色の名前

あか	red
きいろ	yellow
きみどり	yellow green
みどり	green
みずいろ	light blue
しろ	white
ベージュ	beige
ちゃいろ	brown
あお	blue
こん	dark blue
くろ	black
グレー	gray
オレンジ	orange
ピンク	pink
むらさき	purple

第6章　会話しながら単語を覚えよう　81

色の出てくる絵本

絵本には色があふれています。読みながら "What color is this?" と会話しながら、色を覚えていくこともできます。

『モンスターズ・ラブ・カラーズ』は色をテーマにした絵本。色の名前だけでなく、どの色を混ぜれば違う色ができるのかも絵で学ぶことができます。

3人の王子だけでなく、キーとなるオレンジや姫の紫色の衣装など、さまざまな色を見つけることができる。鮮やかな色彩が特徴の絵本

顔も背丈もそっくりな3人の王子。見分けがつかない王様は、3人にそれぞれ違う色の宝石のついた指輪を与え区別します。そんな3人はある国の美しい姫に恋をしますが……

The Three Princes
3人の王子

バーリー・ドハティ 著
かわこうせい 絵
きたがわしずえ 訳

82

『3人の王子』は少し長いお話。そっくりな3人の王子それぞれ色で区別されています。物語の中では指輪だけですが、絵では洋服の色もそれぞれ違います。赤い王子はどんな性格なのか、青の王子は何が得意なのかなど、色で王子を区別しながら楽しむこともできます。

Mixing red and yellow makes ORANGE!

文字にも色がついているのでわかりやすい。クレヨンや色鉛筆とスケッチブックを用意して読んでみよう

色が大好きなモンスターたち。いろいろな色で線を描いたり、色どうしを混ぜて新しい色をつくったり。あなたの好きな色の組み合わせは？

Monsters Love Colors
モンスター・ラブ・カラーズ

マイク・オースチン 作
いしいふゆき 訳

第6章 会話しながら単語を覚えよう　　83

曜日や数を言えるようにしよう

曜日や数も日常会話の中によく出てきます。たとえば、次のような会話で、曜日の名前を覚えましょう。

What day of the week is it today?
今日は何曜日？

(It's) Monday.
月曜日。

Good! What day comes after Monday?
そうよ！　じゃあ月曜の次は？

Wednesday.
水曜日。

Oh? OK, let's start from Sunday. Sunday, Monday...

そう？　じゃあ日曜から始めてみようか。日曜日、月曜日……

Oh, it's Tuesday! Tuesday!
火曜日だ！　火曜日！

Correct!
正解！

数については、"Let's count."（数えてみよう）と一緒に数えたり、"How many ○○ are there?"（○○はいくつあるのかな？）と問いかけてみましょう。

84

曜日の名前

月曜日 .... monday
火曜日 .... tuesday
水曜日 .... wednesday
木曜日 .... thursday
金曜日 .... friday
土曜日 .... saturday
日曜日 .... sunday

数の名前

1 .... one
2 .... two
3 .... three
4 .... four
5 .... five
6 .... six
7 .... seven
8 .... eight
9 .... nine
1 0 .... ten

○○を触ってみて

次は、体のいろいろな部分の名前を覚えましょう。"Touch your ○○ ."（○○を触ってみて）と実際に触りながら覚えましょう。

日本人は体の部位があいまい？

　日本人は農耕民族、欧米人は狩猟民族だと言われていることは言語にも表れています。日本語には煮る、炊く、ゆでる、いためるなど野菜の料理法に関する語句が豊富です。ところが英語にはそれほどやかましい区別はありません。反対に日本語での「肉を焼く」に対して、英語は、broil、bake、roast、toast、barbecueなど焼き方によって使い分けます。

　また、狩猟民族は獲物を捕らえたあとパーツに切り分けることから、体の部位にしてもarmとhand、feet、legと細かく分類します。日本語では日常生活では「テ」と「アシ」程度の区別でかたづけてしまいますね。

　日本語は体の部位に関してあいまいになっています。たとえば、首をたてに振る。……実際に振ってるのは頭。膝枕……膝じゃなくてモモでしょ。

体の部位の名前

まゆげ	eyebrow
耳	ear
ほほ	cheek
目	eye
鼻	nose
口	mouth
へそ	navel
お腹	stomach
肩	shoulder
頭	head
髪の毛	hair
首	neck
腕	arm
手	hand
背中	back
おしり	buttocks
脚	leg
足	foot

これって英語でなんて言うの？

　今度は、絵本に登場する動物や花、食べ物など、さまざまなものを指差しながら、「これって英語でなんて言うの？」と聞いてみましょう。

　このときも "How do you say this in English?"、"What is this in English? "、"What do you call this in English? " といった英語表現を使います。

　137 ページにコピーして使えるカードを付けましたので、ぜひ活用してください。

しょくぶつの名前

つくし .... horsetail
クローバー .... clover
すすき .... pampas grass
まつぼっくり .... pine cone
どんぐり .... acorn
いちょう .... ginkgo
もみじ .... maple
くり .... chestnut
さぼてん .... cactus

はなの名前

さくら	cherry blossoms
チューリップ	tulip
ばら	rose
たんぽぽ	dandelion
ゆり	lily
つつじ	azalea
カーネーション	carnation
あじさい	hydrangea
ぼたん	tree peony
ききょう	balloon flower
あさがお	morning glory
ひまわり	sunflower
すみれ	violet
つばき	camellia

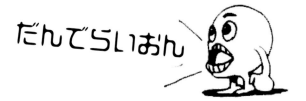

どうぶつの名前

いぬ	dog
こいぬ	puppy
ねこ	cat
やぎ	goat
ひつじ	sheep
ぶた	pig
うま	horse
ろば	donkey
うし	cow
らいおん	lion
かば	hippo
とら	tiger
しまうま	zebra
ぞう	elephant
きりん	giraffe
おおかみ	wolf
ごりら	gorilla
となかい	reindeer
くま	bear
らくだ	camel

どうぶつの名前

ことり .... bird
はと .... pigeon
からす .... crow
しちめんちょう . turkey
ふくろう .... owl
にわとり .... chicken
おんどり .... rooster
ひよこ .... chic
あひる .... duck
がちょう .... goose
はくちょう ...... swan
かえる .... frog
おたまじゃくし . tadpole
きつね .... fox
さる .... monkey
りす .... squirrel
うさぎ .... rabbit
もぐら .... mole
ねずみ .... mouse
へび .... snake

どうぶつのなきごえ

メェー（羊）.......... baa（バー）
メェー（山羊）....... bleat（ブリーッ）
ヒヒーン（馬）....... whinny（ウィニー）
　　　　　　 .... neigh（ネェーイ）
ヒヒーン（ロバ）.... heehaw（ヒーホー）
ケロケロ（蛙）....... ribbit-ribbit（リビット）
　　　　　　 .... croak-croak（クローク）
キーキー（猿）....... yack-yack（ヤック）
チューチュー（鼠）. squeak-squeak（スクィーク）
ブーブー（豚）....... oink（オインク）
モー（牛）............. moo（ムー）
ニャーニャー（猫）. meow（ミャオウ）
ワンワン（犬）....... bowwow（バウワウ）
　　　　　　 .... woof（ウーフ）
キャンキャン（子犬）yap（ヤップ）
　　　　　　 .... yelp（イェルプ）
ガオー（ライオン）. roar（ロアー）

どうぶつのなきごえ

ポッポ .... coo（クー）
（鳩）

カーカー .... caw（コー）
（からす）

チュンチュン .... tweet（トゥイート）
（小鳥）　　........ cheep/chirp（チープ）

コケコッコー .... cock-a-doodle-doo
（雄鶏）　　　（コッカドゥードゥルドゥー）

ピヨピヨ .... cheep-cheep（チープ）
（ひよこ）.............. peep-peep（ピープ）

コッコッコ .... gobble-gobble（ゴッブル）
（七面鳥）

ホーホー .... hoot-hoot（フート）
（ふくろう）

ガーガー .... quack（クァック）
（あひる）

動物の出てくる絵本

絵本には多くの動物が登場します。ペットとしてだけではなく、擬人化された動物が主役の物語を思い出す人も多いでしょう。56ページで紹介した絵本も主役は動物。犬やパンダ、白くまの友情が描かれたお話です。

絵本を指差しながら、"How do you say this in

犬、猫、牛、馬、あひるなど、さまざまな動物のほか、フルート（flute）やバンジョー（banjo）、オーボエ（oboe）など、多くの楽器が登場する

飼い主が忙しくてさびしい、犬のスタンと猫のメイベル。音楽が大好きな2匹は、オーケストラのオーディションを受けるために旅立つが……

Stan and Mabel
スタンとメイベル 音楽隊

ジェイソン・チャップマン 作
きたがわしずえ 訳

English?" と言い合い、動物の名前を覚えていきましょう。

　動物の鳴き声や生態などがわかる絵本もあります。また、日本とは異なった動物の事情を知ることもできます。たとえばここで紹介している『おやすみをいうまえに』では、散歩の途中にリスを見かけます。日本ではなかなかない光景ですね。

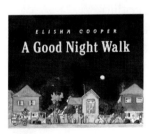

A Good Night Walk
おやすみをいうまえに

エリシャ・クーパー 作
山本象 訳

動物をテーマにした絵本ではないけれど、このページだけでりす（squirrel）、小鳥（bird）、白黒のぶちねこ（black-and-white cat）が登場。樫の木、りんごの木、船、月など景色を楽しみながら、ことばを覚えられる

寝るには少し早い時間、ちょっとそこまでお散歩に。暮れていく街の描写が美しい絵本

第6章　会話しながら単語を覚えよう　　95

うみのいきもの

かに .... crab
うなぎ .... eel
くじら .... whale
くらげ .... jelly fish
いるか .... dolphin
ひとで .... star fish
たこ .... octopus
いか .... squid
なまこ .... sea cucumber
えび .... shrimp
かめ .... turtle
わに .... crocodile
らっこ .... sea otter
あざらし .... seal
ぺんぎん .... penguin
かい .... shellfish

こんちゅうの名前

あり .... ant
ばった .... grasshopper
はち .... bee
てんとうむし .... ladybug
せみ .... cicada
ほたる .... firefly
こおろぎ .... cricket
みのむし .... bagworm
とんぼ .... dragonfly
かぶとむし .... beetle
くも .... spider
いもむし .... caterpillar
ちょう .... butterfly
かまきり .... mantis
くわがた .... stag beetle

くだものの名前

りんご .... apple
なし .... japanese pear
洋なし .... pear
れもん .... lemon
ぶどう .... grape
ぱいなっぷる .... pineapple
びわ .... loquat
かき .... persimmon
みかん .... tangerine
いちご .... strawberry
すいか .... watermelon
もも .... peach
さくらんぼ .... cherry
ばなな .... banana
おれんじ .... orange
めろん .... melon
きうい .... kiwifruit

やさいの名前

たまねぎ .... onion
ねぎ .... leek
かぶ .... turnip
にんじん .... carrot
ぴーまん .... green pepper
ジャガイモ .... potato
さつまいも .... sweet potato
きゅうり .... cucumber
ぶろっこりー .... broccoli
はくさい .... chinese cabbage
きゃべつ .... cabbage
とうもろこし .... corn
なす .... egg plant
とまと .... tomato
かぼちゃ .... squash
だいこん .... japanese radish

第 7 章

遊びながら英語の リズムに慣れる

第6章の応用で、生活の中で英語を発音するときのことばを紹介します。身近なことばでも意外と知らない単語が多いのではないかと思います。キッチンやお買い物中などに練習してみましょう。またじゃんけんや歌などは、リズムに乗せて英語を発音することができます。楽しみながら、英語の発音を身につけましょう。

生活の中でも英語を使ってみよう

生活の中のさまざまなシーンで英語を使ってみます。何かを出したりかたづけたりするときに、英語が使えます。また外食中にも食べ物の名前を発音できます。街を歩けば、さまざまな乗り物を見かけることもあるでしょう。どんなときも練習のチャンスです。

▌キッチンでお手伝いしながら

お手伝いをしてもらうときも、英語で話しかけてみましょう。

Bring me a pot.
鍋を持ってきて。

Put away the sugar.
砂糖をかたづけて。

▌お寿司屋さんに行ったとき

お寿司を食べに行ったら、英語で魚の名前を覚えましょう。

What's this?
これなぁに？

Do you want ○○ ?
○○ほしい？

スーパーでお買い物中

スーパーなどでお買い物中にも、英語の練習ができます。

Rice crackers also buy?
おせんべいも買う？

The cream puff is better.
シュークリームのほうがいいな。

お散歩しながら

お散歩中には、いろいろな乗り物を見かけることもあるでしょう。指差して、"How do you say this in English?" と、名前を聞いてみましょう。

What is driving through there?
あそこを走っている車は何かな？

An ambulance passed.
救急車が通ったね。

キッチンようひん

やかん	kettle
ボウル	bowl
なべ	pot
フライパン	frying pan
おたま	ladle
まないた	cutting board
ほうちょう	knife
しお	salt
こしょう	pepper
さとう	sugar
こむぎこ	flour
さら	dish
ちゃわん	rice bowl
ゆのみ	green teacup
はし	chopsticks
しゃもじ	rice paddle
すいはんき	rice cooker

すしねたの名前

アカガイ .... ark shell
アジ .... horse mackerel
アナゴ .... sea eel
イカ .... squid / cuttlefish
イクラ .... salmon roe
ウニ .... sea urchin
エビ .... shrimp
サケ .... salmon
タコ .... octopus
ハマチ .... yellowtail
ヒラメ .... flatfish
ホタテ .... scallop
マグロ .... tuna
トロ .... fatty tuna
カッパ巻 .... cucumber roll
鉄火巻 .... tuna roll
ガリ .... ginger

しょくひんの名前

もち	rice cake
せんべい	rice cracker
おにぎり	rice ball
だんご	rice dumpling
もちごめ	sweet rice
べんとう	lunch box
やきそば	fried noodle
ラーメン	ramen noodle
そば	buckwheat noodle
あんぱん	red bean bun
シュークリーム	cream puff
プリン	（custard）pudding
チョコレート	chocolate
フライドポテト	french fries
とんかつ	pork cutlet
ぎゅうどん	beef bowl
オムライス	omellette rice
カレーライス	curry and rice
ハンバーグ	hamburg steak

のりものの名前

バス .... bus
オートバイ .... motorcycle
でんしゃ .... train
きゅうこう .... express train
ふつうれっしゃ . local train
しんかんせん .... bullet train
きかんしゃ .... steam locomotive
ひこうき .... airplane
ふね .... ship
ヘリコプター .... helicopter
パトカー .... police car
きゅうきゅうしゃ ambulance
しょうぼうしゃ . fire engine
ゆうびんしゃ .... mail truck
トラック .... truck
クレーンしゃ .... crane truck
タンクローリー . tank truck
ダンプカー .... dump truck
ブルドーザー .... bulldozer

英語のことば遊び

　じゃんけんや「どちらにしようかな」を英語で言ってみましょう。

じゃんけんをしてみる

　じゃんけんは、英語でRock-Paper-Scissors「ロック・ペーパー・シザーズ」です。「Rock」は岩（グー）、「Paper」は紙（パー）、「Scissors」はハサミ（チョキ）です。「じゃんけんぽん！」のかけ声は、「Rock, Paper, Scissors, One Two Three!」と言い、「Three」のときに手を出します。同じ種類を出してあいこになったときは、もう一度"Rock, Paper, Scissors, One Two Three!"と言います。勝ったときは"I won!（勝った）"、負けたときは"I lost!（負けた）"です。Let's play rock-paper-scissors！

どちらにしようかな

　何かを選ぶとき、日本語では「どちらにしようかな、神様の言うとおり」と言います。それに当たる英語は、右ページのように言います。

　日本語の場合は、1音ずつ指を動かしますが、英語は／で区切った音節ごとに指を動かします。

どちらにしようかな

Eeny, meeny, miny, moe,

イーニー／ミーニーマイニー／モー／

Catch a tiger by the toe.

キャッチ ア／タイガー／バイザ／トゥ／

If he hollers, let him go,

イフ ヒー／ホラーズ／レットヒム／ゴー／

Eeny, meeny, miny, moe.

イーニー／ミーニー／マイニー／モー

(訳)
イーニー ミーニー マイニー モー
虎のつま先つかんで捕まえろ
虎がほえたら放してやろう
イーニー ミーニー マイニー モー

第7章 遊びながら英語のリズムに慣れる　109

英語で歌ってみよう

　メロディーに合わせて歌詞を発音する歌は、ネイティブっぽい発音を身につけるのに最適です。日本でもおなじみの歌を、英語で歌ってみましょう。

きらきら星

Twinkle Twinkle Little Star

Twinkle, twinkle, little star,
How I wonder what you are!
Up above the world so high,
Like a diamond in the sky!
Twinkle, twinkle, little star,
How I wonder what you are!

When the blazing sun is gone,
When he nothing shines upon,
Then you show your little light,
Twinkle, twinkle, all the night.
Twinkle, twinkle, little star,
How I wonder what you are!

（訳）

キラリと光る小さなお星様
いったいあなたは誰ですか？
高い世界の上から
空のダイヤモンドのように
キラリと光る小さなお星様
いったいあなたは誰ですか？

まばゆい太陽が沈み
何も輝くものがなくなる
その時あなたが小さな光を放つ
一晩中　キラリと光り続ける
キラリと光る小さなお星様
いったいあなたは誰ですか？

マクドナルド爺さんの牧場

Old MacDonald Had a Farm

Old MacDonald had a farm, E-I-E-I-O
And on this farm he had a duck E-I-E-I-O
With a quack-quack here, quack-quack there,
Here a quack, there a quack,
everywhere a quack-quack;
Old MacDonald had a farm, E-I-E-I-O

Old MacDonald had a farm, E-I-E-I-O
And on this farm he had a cow E-I-E-I-O
With a moo-moo here, moo-moo there,
Here a moo, there a moo, everywhere a moo-moo;
Quack-quack here, quack-quack there,
Here a quack, there a quack,
everywhere a quack-quack;
Old MacDonald had a farm, E-I-E-I-O

Old MacDonald had a farm, E-I-E-I-O
And on this farm he had a dog, E-I-E-I-O
With a bow-wow here, bow-wow there,
Here a bow, there a bow, everywhere a bow-wow;
Moo-moo here, moo-moo there,
Here a moo, there a moo, everywhere a moo-moo;
Quack-quack here, quack-quack there,
Here a quack, there a quack,
everywhere a quack-quack;
Old MacDonald had a farm, E-I-E-I-O

（訳）

マック爺さんは農場を持ってるよ　イーアイイーアイオー
その農場にはアヒルがいるよ　イーアイイーアイオー
こっちでガーガー　あっちでガーガー
ここガーガー　あっちガーガー
いろんなところでガーガー
マック爺さんは農場を持ってるよ　イーアイイーアイオー

マック爺さんは農場を持ってるよ　イーアイイーアイオー
その農場には牛がいるよ　イーアイイーアイオー
こっちでモーモー　あっちでモーモー
ここモーモー　あっちモーモー
いろんなところでモーモー
こっちでガーガー　あっちでガーガー
ここガーガー　あっちガーガー
いろんなところでガーガー
マック爺さんは農場を持ってるよ　イーアイイーアイオー

マック爺さんは農場を持ってるよ　イーアイイーアイオー
その農場には犬がいるよ　イーアイイーアイオー
こっちでワンワン　あっちでワンワン
ここワンワン　あっちワンワン
いろんなところでワンワン
こっちでモーモー　あっちでモーモー
ここモーモー　あっちモーモー
いろんなところでモーモー
こっちでガーガー　あっちでガーガー
ここガーガー　あっちガーガー
いろんなところでガーガー
マック爺さんは農場を持ってるよ　イーアイイーアイオー

第7章　遊びながら英語のリズムに慣れる　　113

ロンドン橋

London Bridge is falling down

London Bridge is falling down
Falling down, falling down.
London Bridge is falling down, my fair lady.

Build it up with sticks and stone,
Sticks and stones, sticks and stones.
Build it up with sticks and stones, my fair lady.

Sticks and stones will all fall down,
All fall down, all fall down.
Sticks and stones will all fall down, myfair lady.

Build it up with wood and clay,
Wood and clay, wood and clay.
Build it up with wood and clay, my fair lady.

Wood and clay will wash away,
Wash away, wash away.
Wood and clay will wash away, my fair Lady.

Build it up with iron and steel,
Iron and steel, iron and steel.
Build it up with iron and steel, my fair lady.

Iron and steel will bend and bow
Bend and bow, bend and bow.
Iron and steel will bend and bow, my fair lady.

(訳)
ロンドン橋が落ちるよ、
落ちるよ、落ちるよ。
ロンドン橋が落ちるよ、私の美しいお嬢さん。

木と石でつくろう、
木と石、木と石。
木と石でつくろう、私の美しいお嬢さん。

木と石じゃ全部落ちてしまうよ、
全部落ちてしまうよ、全部落ちてしまうよ。
木と石じゃ全部落ちてしまうよ、私の美しいお嬢さん。

木と泥でつくろう、
木と泥、木と泥。
木と泥でつくろう、私の美しいお嬢さん。

木と泥じゃ流されてしまうよ、
流されてしまうよ、流されてしまうよ。
木と泥じゃ流されてしまうよ、私の美しいお嬢さん。

鉄と鋼でつくろう、
鉄と鋼、鉄と鋼。
鉄と鋼でつくろう、私の美しいお嬢さん。

鉄と鋼じゃ曲がってしまうよ、
曲がってしまうよ、曲がってしまうよ。
鉄と鋼じゃ曲がってしまうよ、私の美しいお嬢さん。

第7章 遊びながら英語のリズムに慣れる　　115

リズムが楽しい絵本

　英語の絵本の多くは韻（いん・rhyme）を踏んでいる箇所があります。詩のように全編韻を踏んでいるものもあれば、一部だけのものもあります。こういった箇所はリズムに乗って読めるので、声に出すのが楽しく、何度でも繰り返したくなります。

　韻を踏んだ童謡（nursery rhyme）としては、日本

My father is laughing, I'm turning to look,
and I'm watching him laugh as he's reading the book.
We're having such fun, and he's holding me tight.
There was always a book before saying good-night.

父によみきかせてもらった最初の記憶は、ネコの絵本。リズミカルな文章が楽しい「The Cat in The Hat」を読みながら笑顔を見せる親子が描かれている

本の楽しさを教えてくれた父との思い出をたどりながら、著者の読書遍歴をつづる韻を踏んだ文章で

Reading With Dad
いっしょに読んだものがたり

リチャード・ジョーゲンセン　文
ウォーレン・ハンソン　絵
きくたようこ　訳

でもマザーグースが有名です。『いっしょに読んだものがたり』の最初に登場するドクター・スースの『The Cat in The Hat』も韻のリズムが楽しい、英語圏の子どもたちには定番の絵本です。

"Still...I try to stay busy.
I slosh till I'm dizzy.
I practice my kicking.
And hiccup-cup-hicking."

生まれるのを待つ赤ちゃんが、お腹の中で四苦八苦している様子をリズムよく訴えてくる。原文はほぼ全編、韻を踏んでいるので、軽快なリズムで読めそう

お腹の中の赤ちゃんからお母さんへの手紙という形の絵本。生まれるのを楽しみにしているのはお母さんだけじゃなく、退屈している赤ちゃんもなのかも!?

Ma! There's Nothing to Do Here!
ママ！たいくつ きゅうくつ なんにもなーい！

バーバラ・パーク 作
ヴィヴィアナ・ガロフォリ 絵
しんぐうのりこ 訳

第7章 遊びながら英語のリズムに慣れる　　117

第 8 章

絵本のバイリンガル よみきかせに挑戦

この章では絵本のバイリンガルよみきかせに挑戦してみましょう。子どもが意味を理解できるように、最初は日本語で読みます。話の内容を理解したら、音に慣れるように英語で読みます。まずは短い物語で練習してみましょう。よみきかせの場でも使える、さまざまな英語の語りかけ表現も紹介します。

バイリンガルよみきかせとは

　発音に自信がついてきたら、いよいよよみきかせに
挑戦してみましょう。本書が提案するバイリンガルよ
みきかせは、英語で読むだけではありません。お子さ
んがしっかりとした日本語表現を身につけることも、
目的としています。

　そのためには、まず日本語で絵本を読みます。お子
さんが日本語で意味を理解したら、英語でよみきかせ
ます。お子さんは英語の意味は理解できませんから、
もしかしたら日本語で読むときよりも集中力がなく、
すぐに飽きてしまうかもしれません。それでも気にせ
ず、読み続けることです。別の遊びを始めてしまって
聞いていないように見える子でも、おもしろいと感じ
たことばには敏感に反応して真似をすることもありま
す。子どもがことばに興味を示したら、自然と意味を
理解できるように、そのことばと関係のある絵を示し
てもいいでしょう。

よみきかせで役立つ表現

　バイリンガルよみきかせでは、絵本を読むときだけ
でなく、語りかけも日本語と英語で行います。ここで

は、よみきかせのときに役立つ表現をシーン別にいくつか紹介します。そのほかにも、お子さんが上手に発音できたときには、72ページのほめる表現でほめてあげてください。60ページのしつけの表現が役立つこともあると思います。また、絵本を指さして、色や数をたずねたり、お子さんが知っている単語が出てきたら "How do you say this in English?"（これって英語でなんて言うの?）、あるいは "Which is ○○?"（○○はどれ?）などと話しながら読み進めても楽しいでしょう。

▌本を読む前

It's time to read a book.
絵本の時間だよ。

It's time for a bedtime story.
（寝る前に読む）絵本の時間だよ。

Let's go read a story.
いっしょに絵本読もうよ!

Come on! Let's go read a story.
本を読んであげるから早くおいで。

I'll read you a story. / I'll read to you.
本を読んであげる。

Would you like me to read this book to you?

この本読もうか？

Are you ready?

準備はできた？

Mommy is going to read to you.

ママが読んであげるね。

Sit on my lap.

膝の上に座って。

Come sit on mommy's lap.

こっちに来てママのお膝に座って。

Go pick out a book.

好きな本持ってきて。

What's your favorite book?

好きな本はどれ？

Which one shall we read?

Which one shall we choose?

Which one do you want me to read?

どれにする？

Have a seat.

さあ座って。

Sit down.

座って。

Come here.
こっちへ来て。

Be a good boy(girl) and listen, OK?
お利口にして聞いててね。

How does the story go?
どんな話かな？

What is the story about?
何の話かな？

Look at this(picture)!
見てこの（絵）！

Isn't it pretty?
かわいいでしょ？

読んでいる最中

子どもは途中で飽きてしまったり、どこかへ行ってしまったりします。逆に予想もしないところに興味を示して、寄ってくることもあります。状況に応じて、声をかけてあげましょう。また、大声を出すなどほかの子の邪魔をすることもあります。そんなときも、英語で注意してみましょう。

Turn the page for me?
ページをめくって。

Not so loud, soften your voice.

声が大きいわ、小さい声でね。

Do you want me to read you more?

もっと読む？

Choose another book, alright?

ほかのにしようか？

You got it?

わかったかな？

Sit still, alright?

ちゃんと座って。

Promise to be back soon.

戻ってきて。

Listen up, (OK?)

聞いて。

Let's stop that, (OK?)

もう、そうするのやめようね。

※ OK? をつけると、強調や注意という意味合いが強くなる。
何度言っても聞かない子どもに言い聞かせるようなときに使う

What are you doing?

何してるの？

Keep your hands to yourself.

あっちこっち触らない。

Calm down.

落ち着いて。

124

Let's not do that.
やめようね。

No talking.
お話しやめようね。

Be a good boy (girl).
いい子にしててね。

Are you listening？
聞いてる？

▎読み終わって

絵本のよみきかせのあとは、本の感想を聞いてはいけません。無理に感想を聞き出すことで、子どもに強制と感じさせ、本嫌いの原因になることもあると言われています。余韻にひたっている子どもの邪魔にならない程度に声をかけましょう。

The end. / All done. / Finished.
おしまい。

You have been a good boy(girl).
お利口だったね。

This is it for today.
はい、今日はここまで。

Next is this. / This is next.
次はこれね。

よみきかせをねだられたとき

よみきかせをねだられたときの、英語の表現です。時間がないときに別の人に振ったり、あとで読む約束をしたりするのも、英語で言ってみましょう。

OK, my dear.
はい、いいわよ。

Just hold on a second, alright?
ちょっと待ってね。

You read with your daddy, OK?
パパと読もうね。

Later on, not now OK?
今はごめん、あとで読むね！

I promise.
約束よ。

お気に入りのことばをカードに

　絵本では、ことばや物語が絵と関連づけられています。同じ絵を見ながら日本語と英語で読むことで、両者が同じ意味であることが理解しやすくなります。

　この絵本を利用したカードを手づくりするのもおすすめです。本書の巻末に拡大コピーして使えるカードを付録としてつけていますが、お気に入りの絵本のページをコピーして自分なりのカードをつくってみましょう。子どもがよみきかせに飽きてきたときに、カードを使って絵合わせをして遊ぶこともできます。

　下で紹介しているのは、バイリンガルよみきかせ英語教室（156ページ）で使ったカードです。『スタンとメイベル音楽隊』（94ページ）のよみきかせに合わせて作成しました。カードで遊んでいた子どもたちが、いつの間にか「My dear!」ときれいな発音で話せるようになっていました。

動物がたくさん出てくるので、動物の名前や鳴き声でもカードがつくれます

「あら、まあ」という牛の表情とともに、大人気だった「My dear!」カード

第8章 絵本のバイリンガルよみきかせに挑戦　　127

よみきかせ練習

それでは、好きな翻訳絵本を選んで、よみきかせを楽しんでください。Amazon などで、原書が簡単に手に入るものがいいでしょう。

ここでは、練習用にイソップ物語から短いお話を2つ載せておきます。Web から英語の音声をダウンロードして参考にしてください。

▌よくばりな犬

あるところに1匹の犬がいました。犬は肉を手に入れて、それを家で食べようと考えました。

家に帰る途中、肉をくわえて橋を渡っているとき、下のほうに肉をくわえたもう1匹の犬がいるのに気がつきました。

彼は考えました。「ワォ、あいつのくわえている肉、うまそうだなぁ。そうだ、あれを横取りしてやろう。そしたらぼくは肉を2切れ食べられるぞ。あいつに向かってほえれば、驚いて肉を落とすに違いない。横取りしてやるぞ」

その犬は下の犬に向かってほえました。
「ワンワン！」

口を開けたとたん、肉が川に落ちてしまいました。

ボッチャン！
「しまった！」
　彼はもう1匹の犬を見ました。その犬も驚いていました。
　そのとき、犬はわかったのです。それは川に映っていた自分だったのです。
　犬はよくばったせいで、肉をなくしてしまいました。

あなたもよくばっちゃだめよ。わかった？

The Greedy Dog

One day, there was a dog. He got a piece of meat. He was going to eat it at home.

On the way home, he was crossing a bridge with a piece of meat in his mouth.

As he looked down the river, he saw another dog holding a piece of meat in his mouth.

He thought. "Wow, his meat looks good, I will snatch it out of his mouth. So I can have two pieces of meat. I will bark at him, so he will be surprised and drop the meat. Then I will get it."

He looked at the other dog, and barked at him! "Bow Wow!"

As soon as he opened his mouth, his meat fell into the river. Splash!

"Oh, no!"

Then he saw the other dog, and he looked shocked!

Then he knew the other dog was his reflection. Because he got greedy, he lost his meat.

My dear. It's not good to be greedy. OK?

ウサギとカメ

あるところにウサギとカメがいました。
ウサギはカメに言いました。
「カメさん、きみは世界一足が遅いね。ぼくは世界一速いんだ」
そして「どうしてきみはそんなに足が遅いんだ？」と笑いました。
カメはウサギに言いました。
「なんだって、ウサギさん。じゃあぼくと競争しようよ。たとえウサギさんがぼくより足が速くても、ぼくは絶対に負けないよ」
そして2人は山のふもとまで競争することにしました。
競争が始まるとウサギはとっても足が速く、すぐに真ん中辺りまで来てしまいました。カメは大きく引き離されています。
ウサギは言いました。
「だいぶ遠くまで来たな。もうカメさんは追いつけないだろう」
そして少しお昼寝をすることにしました。
しばらくしてウサギは目を覚まし、また走り始めま

した。

　しかしカメは、もうゴールしていました。

　ウサギが寝ている間に、カメはあきらめないで着実にゴールに向かって頑張り、ウサギに勝ったのです。

　たとえあなたが他の人より優れていても、努力をしなくていいってことじゃないのよ。わかった？

The Rabbit and the Turtle

One day there were a rabbit and a turtle.
The rabbit said to the turtle.
"Mr. Turtle, you are the slowest in the world and I am the fastest!"
"How come you are so slow." and laughed at him.
And the turtle said to the rabbit.
"Is that so, Mr. Rabbit. Then why don't we have a race! I don't think you can beat me even you are faster than I."
Then they decided to have a race to the foot of a mountain.
As race started off, the rabbit ran so fast and he was already half way to the goal. The turtle was away behind.

The rabbit said "I am so far ahead, I don't think Mr. Turtle will catch up."

So he decided to take a nap.

After a while, the rabbit woke up started running to the goal.

But the turtle had already reached the goal.

While the rabbit was taking a nap, the turtle kept going steadily without giving up to defeat the rabbit.

My dear, even you are better than somebody, it doesn't mean you don't have to make an effort. OK?

バイリンガルで読める絵本

バイリンガルでのよみきかせには、英語の原書を用意する必要があります。ネット通販や電子書籍が普及して手に入れやすくなってはいますが、原書と翻訳書

大切な人を失ったとき、そこから目をそらさないでほしい。「悲しみ」について子どもと話すきっかけとなる絵本

Life Is Like the Wind
いのちはかぜのように

ショーナ・イネス 作
イリス・アゴーチ 絵
河野志保・小峰真紀 訳
久保秋里香 監訳

自由気ままなバッドキャットは、行く先々でトラブルを起こしてしまう。でも巻き込まれた人たちは、なぜかみんなハッピーに

Bad Cat
 Puts on His Top Hat
バッドキャット
　　トップハットでダンス

トレーシー＝リー・
マクギネス＝ケリー 作
呉藤 加代子 訳

の2冊を持つのはなかなかたいへんです。

そんなときに便利なのが、二言語が併記された絵本。ここで紹介している4冊は日本語の絵本ですが、英語の原文や訳文も掲載しています。

青白い水の底に住むかにの兄弟。5月の日差しの中、魚や鳥に遭遇して驚く。やがて季節が移り、水の中に落ちてきたのは？ 幻想的な賢治の世界を英語で

やまなし
The Wild Pear

宮沢賢治 作、イヅマヒロキ 絵
マンディ・ハースィ 訳、藤澤慶已 監訳

てぶくろをかいに
Buying Mittens

新美南吉 作
イヅマヒロキ 絵
マンディ・ハースィ 訳
藤澤慶已 監訳

坊やにてぶくろを買ってあげたい母きつねだが、人間が怖くて町に入ることができない。そこで子ぎつねは、一人で町に出かける

第8章 絵本のバイリンガルよみきかせに挑戦　　135

付録

6章で出てきた単語のカードを用意しました。
コピーして切り取って遊んでみましょう。

どうぶつ 1

ANIMALS 1

どうぶつ 2

ANIMALS 2

みずのいきもの

AQUATIC ORGANISMS

こんちゅう

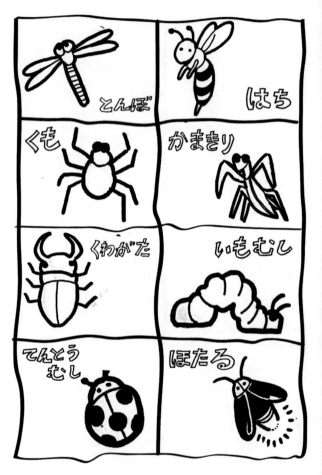

INSECTS

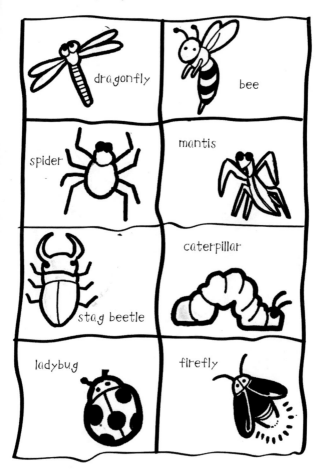

くだもの 1

FRUITS 1

くだもの 2

FRUITS 2

やさい 1

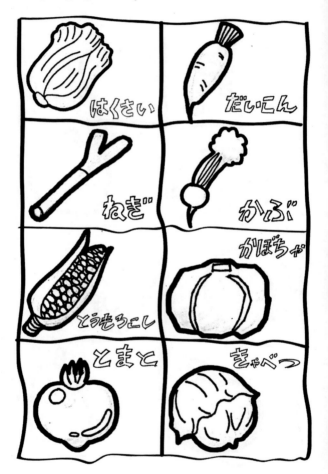

VEGETABLES 1

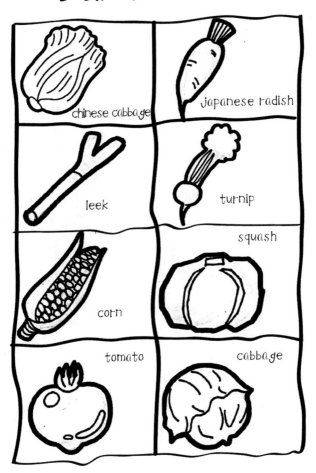

やさい 2

VEGETABLES 2

あとがき

　子どもたちには英語を身近に感じてほしい、大人の方たちには英語に対する壁を低くしてほしい。そんな思いをこめて、今回この本を書いてみました。

　英語を話したり聞いたりすることは、とてもシンプルなことです。単語や文法を勉強することが重要だと思われがちですが、実はいろいろな表現を覚えることが、英会話をマスターする近道なのです。英語が話せる人と話せない人の違いは、頭の中に入っているセンテンスの違いです。センテンスが多ければ多いほど、言いたいことがすぐに口から出てくるのです。

　皆さんがお子さんと一緒に、ことばを覚える喜びを感じていただけたらと切に願います。また、絵本という、シンプルだからこそ想像力が無限に広がる教材を通してお子様の感性を高めてあげてください。そして親子の絆を深めていってください。何よりも楽しく勉強するのが、英語上達のコツです。ネイティブとペラペラしゃべっている自分を、またお子様を想像しながら、Let's have fun!　楽しんでください！

2019 年 4 月
藤澤慶已（ふじさわ けい）

絵本で学ぶ日本語と英語
バイリンガルよみきかせ英語教室

　バベルプレスでは、お子さんへバイリンガルで絵本のよみきかせを行いたいと考えている保護者の方を対象に、英語教室を開催しています。日本語と英語での絵本よみきかせの実践や上手に読むためのレッスンのほか、本書の著者の藤澤慶已先生の発音矯正講座など、世界中の講師陣が多彩なテーマで絵本や英語に関する講義を行っています。

　この教室の特徴は、日本語を重視したよみきかせを中心に据えているということです。本書でも繰り返し述べているように、母語で自分の考えをきちんと話せなければ、本当の意味でのバイリンガルになることは不可能です。まず日本語の絵本をじっくりと読み、意味を理解し、そのあとに「ネイティブっぽい」流暢な英語で絵本を音読することを目指します。

　東京・吉祥寺教室での受講が難しい場合は、ネットからの参加も可能です。最初の1か月はお試し期間として無料で参加できますので、気になる方はホームページにアクセスしてみてください。

主なイベント・講座（予定）

（※は未就学児対象）

バイリンガル絵本よみきかせ※（月2回）

実際に絵本のよみきかせを日本語と英語で行います

絵本を使った英語力アップ（月2回）

英語絵本の音読や、絵本に出てくる表現についての解説を
行います

英語が好きになる絵本の選び方（不定期）

さまざまなテーマで絵本を紹介します。自分で選ぶ場合の
ヒントも

ネイティブっぽく話せる発音講座（不定期）

本書でも触れている「ウの口」「点で発音」「歌って発音」
などを実践しながら学びます

英語で学ぶ日本のコト（不定期）

意外と知らない日本のコト。絵本や図鑑を使って歴史や文
化を英語で学びます

絵本で学ぶ日本語と英語
バイリンガルよみきかせ英語教室

ホームページで詳しい情報を公開しています。今後の予
定のほか、これまで行ってきたイベントの模様も紹介し
ています。また、会員向けのよみきかせ動画も試聴でき
ます。入会や体験の申込も受け付けていますので、気軽
にお問い合わせください。

http://babel-bilingual-children.themedia.jp/

藤澤慶已（ふじさわけい）

LEC会計大学院教授、関東学園大学客員教授。米国バベル翻訳専門職大学院顧問（Board of Advisers）。
言語学博士、音楽博士。米国テネシー州立大学にて言語学博士号、南ミシシッピー州立大学にて音楽博士号を取得。
日本語と英語の資格言語、音声学の観点から、日本人向けの実用的な英語学習法として「藤澤スピーチセラピーメソッド（FSTM）」を開発。
関東短期大学では、幼児向けの英語指導法クラス「キッズ・イングリッシュ」他を担当。
著書に『英会話これを聞かれたらどう答える』（あさ出版）、『子音に慣れればクリアに聞こえる！英語高速リスニング』シリーズ（DHC出版）、『使える、通じる英会話読むだけフレーズ』（アルク出版）などがある。
本書でも取り上げた発音の習得方法は『オドロキモモノキ英語発音』（ジャパンタイムズ）に詳しい。同書の第2弾として、歌うことで発音の習得を目指す『オドロキモモノキ英語発音2 歌えばコツが見えてくる 』も好評発売中。

ドクターKの絵本よみきかせでバイリンガル

発行日	2019 年 4 月 1 日　(POD 版発行)
著　者	藤澤慶已
イラスト	渡邉大祐
本文 DTP	伴 雅子
発行人	湯浅美代子
発行所	バベルプレス（株式会社バベル）
	〒 180-0003
	東京都武蔵野市吉祥寺南町 2-13-18
	TEL 0422-24-8935
	FAX 0422-24-8932
	E-mail　　press@babel.co.jp
	URL　　http://babelpress.co.jp/
印刷・製本	大村紙業株式会社

定価は表紙に表示してあります。
落丁・乱丁本の場合は弊社制作部宛にお送りください。
送料は弊社負担にてお取り替えいたします。
ISBN　　978-4-89449-554-8

©Kei Fujisawa 2019 Printed in Japan